CW01643412

ZAJALS

ISBN : 978-2-36013-221-8

75 rue de Gergovie
75014 Paris
http://www.riveneuve.com

Abdelaziz KACEM

Zajals

Arpents Riveneuve éditions

Du même auteur

En arabe :

Hasâd al-shams (La Moisson du soleil), poésie, Ed. Ben Abdallah, Tunis, 1975.
Nawbat hubb fî 'asr al-karâhiyya (Accès d'amour au temps de la haine), poésie, M.A.L. Tunis, 1991 (Prix Ibn Zaydun de l'Institut Hispano-arabe de Culture, Madrid).
Nizar Qabbani, shâ'ir al-tahaddî wa al-tajâwuz (N. Q., poète du défi et de la transgression), essai, Editions Bochra, Tunis, 2009.

En français :

Tendances de la poésie tunisienne contemporaine, essai, Arabica, 1970.
Le Frontal, poésie, M.T.E., Tunis, 1983
Marco Polo ou le nouveau livre des merveilles, roman télématique collectif, Circa / Solin, Paris, 1985.
L'Hiver des brûlures, poésie, Cérès Editions, Tunis, 1994.
Science et conscience des mots, essai, Cérès Editions, Tunis, 1994.

Culture arabe / Culture française : la parenté reniée, essai, L'Harmattan, Paris, 2002.
Le voile est-il islamique ? ou Le corps des femmes, enjeu de pouvoir, essai, Chèvre-Feuille Etoilée, Montpellier, 2004.
(Avec Daniel De Smet) *Lumières du Levant, Abû l-'Alâ' al-Ma'arrî et son temps*, édit. Centre Culturel Arabe de Bruxelles, 2006.
Al-Andalus vestiges d'une utopie, Riveneuve éditions, Paris, 2013.

À la mémoire de B / H

Préface

Quand les mots reviennent à leur source, quand les syllabes redeviennent de simples notes de musique, ils vous transportent dans un ailleurs, dans un rêve qui vous plonge là où vos pas ne vous ont jamais menés, là où le temps n'est plus qu'un signe, une étiquette au bord d'un chemin de traverse. En lisant, ou plutôt en écoutant la voix d'Abdelaziz Kacem lire ses « zajals », son livre m'est apparu comme une sorte de promenade dans une histoire intemporelle, la jonction de sons multiples dont on ne peut saisir le sens qu'en entendant leur mélodieuse orchestration et la langue qu'ils portent par-delà le français. Les notes nombreuses, qui, chose inhabituelle dans un recueil de poésie, jalonnent les strophes, se lisent comme un conte, tant elles façonnent l'imaginaire.

« Zajals » est une belle réponse à la question que nous nous posons tous sur les sources de notre « vieille » Europe. Ce recueil de poésie nous invite à redécouvrir, par la musique dont il s'inspire, les profondeurs d'une vie enfouie dans des siècles d'histoire, souvent reniés, bannis de nos mémoires, la « convivance » andalouse, de l'arabe et du roman, des Chrétiens, des Juifs et des Musulmans. Je ne suis pas andalou, je ne suis pas musulman, je suis catholique et j'assume cet « héritage », mais cet héritage me dicte aussi l'idée de partage, si bien exprimée par le mot « convivance », l'idée de « transculturalité », une idée que j'ai longtemps, professionnellement, soutenue, lorsque la Commission européenne s'engageait, sous l'égide du Président Prodi, dans le renouveau du « dialogue euro-méditerranéen », une transculturalité qui ne prétendait pas abolir les frontières, mais les ouvrir, ne surtout pas s'y enfermer, reconnaître dans l'Autre une mémoire commune, une richesse à partager.

La poésie d'Abdelaziz Kacem s'inscrit dans la continuité de ce mouvement. C'est la richesse des mots, celle des poètes d'Al-Andalus qu'il a fait sienne en la transformant à sa façon, en en transmettant la consonance si belle, si parfumée, si imprégnée du goût sucré des rimes et des rythmes. Certes, la poésie d'aujourd'hui n'invite plus autant que par le passé au jeu de la versification, mais il est bon d'y revenir parfois et d'ainsi rappeler nos fondamentaux littéraires. De plus, ici plus qu'ailleurs, la rime s'impose comme étant la raison et la déraison du « zajal » et de son voisin et cousin le « trobar ». Toutefois, il ne faut pas se contenter d'écouter la réponse poétique d'Abdelaziz Kacem à la question de l'héritage arabe, berbère et musulman de l'Europe. Il faut aussi aller à la rencontre de l'Histoire, celle qu'il rappelle dans son ouvrage « Al-Andalus, vestiges d'une utopie », celle qu'il recommande aux Européens de réintégrer dans leur pensée pour ainsi s'éloigner des dérives identitaires et ethnocentriques qui les rongent. Ces deux livres d'Abdelaziz Kacem sont indissociables. « Zajals » est le prolongement poétique de « Al-Andalus ». On ne peut lire l'un sans l'autre. « Zajals » vient compléter agréablement, par sa saveur particulière, une réponse historique d'où parfois surgissent, il faut le dire, quelques gros coups de colère. La douceur poétique tempère la colère et m'a, en outre, rappelé, je l'avoue, un souvenir personnel et familial qui vient en appui à ce qu'il souhaite nous transmettre. Mon nom, Nizery, est un nom breton qui signifie « déserts » mais il a aussi, selon d'anciennes recherches familiales, une signification en arabe[1], qu'Abdelaziz Kacem mentionne lui-même dans son livre, par un heureux fruit du hasard, et que je n'ai jamais oubliée tant elle est imprégnée d'une douceur végétale souriante. Oui, dans mon « désert », il y a aussi de « l'essence de rose blanche musquée » (cf. « Al-Andalus », page 211), ce que l'un de mes ancêtres, Jacques-Denis Delaporte, orientaliste

1. Une recherche étymologique ne révèle pas forcément de façon certaine l'origine des noms, mais, en l'occurrence, celle-ci « peut faire penser que cette réminiscence florale arabe puise très vraisemblablement son origine dans les pérégrinations et l'exotisme des croisés. Les exemples foisonnent... » (dixit Abdelaziz Kacem)

ayant participé à l'expédition de Bonaparte en Égypte, aurait apprécié.

Je remercie Abdelaziz Kacem d'inviter chacun d'entre nous à se remémorer des racines parfois ignorées mais qui en disent long sur notre véritable européanité, celle de nos plus anciens métissages, qui nous ont façonnés au cours des siècles.

François-Pierre Nizery

Avant-dire

[…] *il me semble aujourd'hui que mon historique de la rime est au moins incomplet : sans doute que, dans les conditions de1941, le souci en tout domaine de la revendication nationale m'entraînait-il un peu trop loin, puisque je négligeais de tenir compte des liens de la poésie française et de la poésie arabe, au moins celle des Mores d'Espagne. C'est une faute que je ne commettrais plus maintenant.*

Louis Aragon, *Les Yeux d'Elsa*, Seghers, (édition 1960) p. 15.

Le poème arabe classique, *qasîda*, quel qu'en soit la longueur, est strictement monorime, scrupuleusement construit sur l'un des seize mètres établis. Par sa thématique convenue, il reste le cadre adéquat des grands développements. Mais le besoin de briser les moules, d'alléger la tonalité, de moduler les vers en vue de leur mise en musique, une poésie strophique est née dans l'effervescence culturelle et artistique exceptionnelle d'al-Andalus du début du Xe siècle.

Vraisemblablement inventé par un poète aveugle, Muqaddam ibn Mu'âfâ de Coimbra (m. 912), le nouveau poème est appelé *muwashshah*, de *wishâh* (collier, cordon, écharpe, ornement pour femmes enrichi de deux séries de pierreries disposées « en sens opposé, l'une d'elles retournée vers l'autre »). Consacré essentiellement à la passion amoureuse, mais aussi au panégyrique, le *muwashshah* dont l'agencement des rimes rappelle ledit ornement, est conçu comme une riche parure pour la femme aimée ou la personne glorifiée. Voici le schéma des rimes de deux types simples de *muwashshah* : ab ccc ab ddd ab / aaa bb ccc bb. Les poètes rivalisant de virtuosité, s'adonneront à des combinaisons encore plus sophistiquées.

Composé en arabe régulier avec une *kharja*, vers finaux en arabe hispanique mêlé de castillan, le *muwashshah* a donné naissance à un avatar appelé *zajal* (ou *zadjal*, littéralement haut chant) truffé de vocables romans, donc plus accessible aux mozarabes. C'est le *zajal*, qui, selon les orientalistes[1], a influencé la poésie naissante des troubadours. Le premier d'entre eux, Guillaume IX, duc d'Aquitaine, comte de Poitiers (1071-1126), en adopte la même structure strophique et le même principe d'agencement des rimes, ce qui se constate notamment dans ses *Chansons IV* (aaabab, cccbab, dddbab…) et *VI* (aaaabab, ccccbab, ddddbdb…)

1. Le professeur Charles Pellat, entre bien d'autres spécialistes, a publié dans une revue universitaire saoudienne un article écrit directement en arabe, intitulé : *Muwashshah et zajal, trait d'union entre diverses cultures* (Revue de la Faculté des Lettres, t. I, Ryadh, 1970). É. Lévy-Provençal ira jusqu'à identifier, chez Guillaume IX, quatre vers en arabe hispanique (art. *Les vers arabes de la chanson V* dans Arabica, I, 1954, p. 211).

Renouant avec la tradition troubadouresque, certains romantiques tels que Victor Hugo ou Émile Deschamps ont pu suivre le modèle. Mais c'est Louis Aragon, *le Fou d'Elsa*, qui emprunte l'exemple andalou et le dit à propos d'une chanson célèbre, *Heureux celui qui meurt d'aimer* qu'il intitule *Le vrai zadjal d'en mourir* et dont les rimes se répondent comme suit : aaabb, cccbb…

Les strophes *zajalesques* de ce recueil se composent d'un distique suivi de deux quatrains jumelés : ab abaa-babb. Elles sont l'écho d'un voyage à la fois réel et virtuel, évident et mystique, à travers de vastes régions *andalusiennes* et dans le Sud de la France, contrée encore hantée par le souvenir des Mores d'Espagne, qui, trois siècles durant, en dépit et à cause de la Bataille de Poitiers, ont sillonné la Gaule antique, avec des haltes plus ou moins longues.

Zajals, un périple d'amour, de nostalgie et d'espérance…

ZAJALS

Elle accède à tes vœux, me dit le messager,
Libre est la voie, mais prends garde à la surveillance !
Je me précipitai vers elle, épris, léger,
Et trouvai mon chemin, guidé par sa fragrance.

Muʿtamid Ibn ʿAbbâd, poète et roi de Séville, (1040-1095)

LA MUSE AIGRIE

Ne m'aime pas encore
Demain viendra l'oubli

Ibn Dâwûd, théoricien bagdadien de l'amour courtois (868-909)

I

J'arrête ici l'hymnaire
D'amour en trop d'amour en troc

Poète usé de si longtemps démissionnaire
Contiens donc ta phobie du clinquant et du toc
À quoi as-tu forcé tes dons de visionnaire
Sinon à bricoler un *trobar* lacunaire

N'es-tu qu'un orpailleur du songe au pays d'Oc
Désuète alchimie à bout d'imaginaire
Ta viole est enrouée qui par la rime ad hoc
Cherche à troubler le cœur qui feint d'être de roc

II

D'où vient que de froidure
On t'ait grand brûlé accusé

Muse aigrie tu me fis élever à la dure
J'ai vidé des recueils pour un tour récusé
Depuis le temps qu'au gré des mots tout cela dure
À ce jeu-là je perds mais la partie perdure

Pourquoi cette ire indue dont tu as abusé
Je te vois aux aguets et prompte à la rature
Montre-moi le talent dont j'aurais mésusé
À combien de fatras je me suis refusé

III

Préside ô Melpomène
À mes futurs délabrements

Allez Muse vas-y chapitre et morigène
Comme si tu n'as point induit mes errements
À d'autres tu consens truquage et fumigène
À moi de raffiner azote et oxygène

Lassé de mes dénis et mes revirements
L'enfant dont je snobais l'oripeau indigène
Me reconnaît à mes urbains accoutrements
Et me hantent la nuit ses lointains pleurements

IV

Je prends pour une insulte
L'échec par toi édulcoré

Mon profil au burin de l'intellect se sculpte
Grâce au contre-pouvoir que tu m'as conféré
C'est en esthète outré que je jauge et ausculte
Et le chiendent repousse au secours de l'inculte

Et pour quelle œuvre pie quel blasphème éclairé
Voulais-tu me nommer ministre de ton culte
Laisse-moi remonter le temps oblitéré
Jusqu'au prégnant tumulte où tu m'as proféré

V

Au nom de la cohorte
J'abats les murs du Grand Harem

L'orgueil sursaute et enfle et mon nom m'exhorte
À signer ces quatrains qu'un hasard rime en EM
L'égo revient habile et la manœuvre accorte
Âme close un mot-clé peine à rouvrir la porte

Où va le vent qui fuit avec le requiem
Que froufroutait de son vivant la feuille morte
Chaque fois qu'un jardin m'appelle au *Carpe diem*
Un inconnu me nargue et argue ad hominem

VI

À l’insu de Tantale
Ma soif se risque à son sorbet

Et j’ai beau pratiquer l’envolée zénithale
Partout mon grand arroi essuie le quolibet
L’aède offrait jadis à leur ouïe triviale
De charmants rudiments en aumône légale

La chanson éolienne au son d’un galoubet
Nourrit le culte ancien d’une oraison mariale
Plus je prie plus je paie plus je suis à débet
Plus la foule repue foule au pied l’alphabet

VII

Courir l'impraticable
Moi pour rival et tout public

Aux aurores les mots qu'un trop long vol accable
Rentrent bredouilles sous les huées du basic
Pourtant le soir venu la quête irrévocable
Reprendra par de-là le silence insécable

Je sue il suinte en moi des vapeurs d'alambic
Comment rendre plus pur l'idiome inéducable
Égérie des hauteurs je saigne à chaque pic
Rebranche-moi à ton nourricier ombilic

VIII

Et la marée s'affaisse
Sous sa cargaison de varech

Sans bouée de secours ni signal de détresse
À tous les ouragans j'ai frotté mon chebec
Au facteur temps mieux vaut ne pas laisser d'adresse
Le pire advient parfois au bout d'une allégresse

Quand les mœurs font miroir à un siècle trop sec
La poésie s'octroie des lettres de noblesse
À vider dans l'obscur son éclatant échec
Et cède au goût du jour en posant son rebec

IX

Et pour le temps qui reste
Et qui vaut juste un salignon

La main gomme et récrit le même palimpseste
Sous la bougie où seul palpite un lumignon
La sourde oreille abouche au brouhaha céleste
Le refrain délavé d'une complainte agreste

Pour quelle course au loin papillonne un fanion
Le long d'une insomnie que gerce une âpre sieste
S'effiloche l'espoir d'une nuit d'Endymion
Séléné revoilà ma demande en union

X

Posture d'imposture
Homme de toi-même orphelin

Cupidon a fait don de *Psyché* à *Mercure*
Toute fesse au placard rend l'achat plus câlin
Le nu est deux fois nu dès l'heure où il abjure
Le mystère inhérent à sa vive nature

Je ne suis pas amer le verbe est alcalin
Le style a préféré le sobre à la diaprure
Attendant d'autres temps toujours plus sibyllin
L'alchimiste a rangé garance et zinzolin

XI

Je pars je mets en gage
Ma langue mère et ma maison

Les brigands ont coupé mes chemins de halage
Voici les lieux où j'ai perdu ma cargaison
L'orgueil sauf le cœur net de tout batifolage
Mon échine courbée me tient lieu d'attelage

Le calame affolé n'a pu avoir raison
De tous les blancs dont tu as truffé mon feuillage
Ô corail d'une bouche en cours de cueillaison
Le temps d'un avalage ou d'une montaison

XII

Interdit par des vouivres
L'accès à maint lagon contrit

Mallarmé m'a hélé et j'ai lu d'autres livres
Ils sont là en amas sur le sol et l'esprit
Les farfouille espérant y repêcher des vivres
Et me sonne des vers comme boucan de cuivres

Ma soif titube et cède au breuvage proscrit
J'appréhende et attends que tu m'en désenivres
Lassée la muse admet la défaite et souscrit
Au néant en jetant au feu son manuscrit

XIII

À calfeutrer sa brèche
S'emploie l'airain de mur en mur

À mi-chemin d'Eros et de Zénon la flèche
Savoure avant l'impact son parcours lent et sûr
Ce sagittaire au nom de quelle ourse pourlèche
Son flair piste déjà ma branlante calèche

Vers ce passé natal qui tient lieu de futur
Me répugne le train mais le départ m'allèche
Par des bains de novas et de silence pur
À croire avoir acquis quelques lopins d'azur

XIV

Et sur ma foi le doute
S'abat comme une ondée à Brest

Où vont les nues qui fuient comme armée en déroute
J'ai le trac moi qui n'ai éludé aucun test
Ai-je perdu la main pour affronter la joute
Voici l'instant que tout un sablier redoute

J'ai beau jeter aux dieux marins de lest en lest
Des cargaisons d'orfrois j'ai beau vider la soute
Les alizés me font échouer à l'Ouest
C'est ici que je pense or mon être est à l'Est

XV

Ô contrées virginales
Ah le tentant et raide abord

Point l'hiver ne s'enquiert du gel des *januales*[2]
Je regarde que vois-je à droite et à bâbord
Ma biface effigie flotte aux vents aux rafales
Et le mal se dédouble aux facultés duales

Et la mémoire endort le regret qui la mord
Au tréfonds d'un Levant rivé à ses annales
De cet Orient qui perd le nord et de ce Nord
DésORIENTé j'écris ce vain journal de bord

---

2. Fêtes consacrées au dieu Janus.

XVI

Pour un ut pour un dièse
Romantique à la Malibran

Renaître avant les temps de sa propre genèse
Entre sable et écume ainsi parlait Gibran
En quoi puis-je éponger sa dette d'exégèse
Moi qui ai reperdu mon chemin d'Orphalèse

Je suis dit-il l'absent marais de tout halbran
Il monte un tintamarre où Babel bêle et blèse
Je rends dit-il écu épée et jaseran
Et à main nue ferai écran à tout écran

XVII

Qui donnera carrière
Au corps précis et sans atour

Les faciès barbelés ont brouillé la clairière
Réveille-toi héraut les boucs sont de retour
Partir d'ici porter son mal en bandoulière
Retenter d'esquiver la main veule et grossière

Femme au sourire éteint comme tombe le jour
De toi-même ennemie femme à la muselière
Tartuffe enfin jubile à mort le giaour
Expectant en sursis je piaffe au carrefour

XVIII

De nuit surgit la horde
La dague aux dents langue de bois

Ô mensonges velus dont tout credo déborde
Les courtiers du jour J amplifient vos abois
Et me révulse encor par delà la discorde
L'exorbitant savoir que l'ignare s'accorde

Je viens à ton secours le sens est aux abois
Mes derniers pleurs vont pour la nef qui se saborde
Bouche qui plus ne bées bouche qui plus ne bois
Que pour dire il y a loin du hibou au hautbois

AIMANCE

Mais pour l'amour de toi, mourir me plairait tant
Ah, quel mourant de son trépas se délectant

Ibn Hazm (994-1064), théoricien cordouan de l'amour courtois

I

Et d'aimer à outrance
Quand tout désir est frelaté

Herbe folle une idée exaspère sa transe
Au guéable coma d'un perfide Léthé
Flamme aveugle un fanal en mal de référence
Se hasarde à lécher l'invaincue remembrance

À la tour au maquis j'ai ourdi fomenté
L'orgueil seul fait parfois valoir ma vétérance
J'aurais pu ma dormance assouvir n'eût été
L'ardeur d'une cigale à requinquer l'été

II

J'ai mal aux nuits avides
D'assag au gré d'une tenson

Âme pérenne à mes dépens tu te suicides
Je survis par miracle en payant ta rançon
Et je bats le rappel de mes songes valides
Depuis que manque un B[3] à tes éphémérides

L'amour rumine un rêve aptère et sans frisson
Nous voilà parvenus à des temps verbicides
La mentale apocope estropie sens et son
Voici femme à tes pieds mon intacte chanson

---

3. B. initiale du nom d'un être cher disparu.

III

Un parfum de Pandore
Eut aimé ici même échoir

Leste gardien des lieux l'air flaire et subodore
L'hôte imprévu contraint enfin d'en être l'hoir
L'automne y contrefait le blason qu'il redore
De flamboyants juillets qu'un octobre dédore

Vers ces sommets jonchés d'ombres chues sans déchoir
Monte insidieux l'ahan qui se fait indolore
L'arpenteur taciturne au plus près du parloir
Cherche la porte absente au regret du heurtoir

IV

Garder ce lit aride
N'être plus qu'un mouvant gisant

J'appréhende le pur je me fie à l'hybride
Goethéen Aragon[4] se fit arabisant
Pour aller jusqu'au bout d'un amour apatride
Trop grand pour intégrer les recettes d'Ovide[5]

Pour tes lèvres vaincues au baiser si cuisant
Que peut le cœur atteint d'un interne écocide
Je me suis dépensé jusqu'au dernier besant
Fors ce mal du pays dont je te fais présent

---

4. *Le Fou d'Elsa* s'inscrit dans la tradition du *Divan oriental* de Goethe.

5. Certains médiévistes, réfutant l'influence arabe sur les troubadours, ont peiné, par eurocentrisme, à faire remonter leur filiation à Ovide.

V

Égérie maritime
La digue exclut l'aigu musoir

J'aborde époustouflé le crucial stade ultime
Sursois de grâce au don de toi je ne puis seoir
Encore à ton présent Eros me surestime
Laisse-moi consulter Socrate et Diotime

Je vaque à un banquet aux feux d'un ostensoir
Agrée l'éclat pour cet adoubement intime
Tous les amants seront tes invités d'un soir
Pour lors Schéhérazade emplit son aspersoir

VI

Un brin de quérulence
Dernier sursaut vindicatif

Ah sous les traits de quelle aimée de quelle absence
Tu me viens dorloter dans ce lit palliatif
Aux automnes blasés que plus rien n'ensemence
Pas même un feu follet rallumé dans l'urgence

Parmi les senteurs tues rode un rêve olfactif
Dans la salle habitée par sa seule crédence
Le cœur en houle est si pluvieux qu'aucun esquif
Ne saurait sans péril accoster son récif

VII

Quelque chose sanglote
Dans ce rire et le contredit

Ton nom parcourt mes sens il sent la bergamote
Royal arôme et baume au cœur m'avais-tu dit
Il fait si chaud pourquoi faut-il que j'en grelotte
Werther a-t-il frémi autant pour sa Charlotte

J'ai tardé à l'aveu tu m'avais interdit
D'insérer au concert des amants une note
Qui ne soit le hoquet d'un désir inédit
Mais le verbe est inapte il se fait érudit

VIII

Car l'homme est obsolète
Qui de Babel a fait babil

Que n'ai-je été un hors-la-loi un trouble-fête
Tapi dans un buisson aux confins de l'exil
À quoi m'aurait servi de mettre à prix ma tête
Mon arc est un archet je ne suis que poète

Ce cœur que ton amour arpente à contre-fil
S'essouffle à peaufiner l'atlas de ta planète
Je frapperai un vers médaille à ton profil
En gabelle d'entrée dans ton État Civil

IX

Présumé haïssable
Ce Moi qui t'aime et que j'omets

De grâce épargne-moi cet amour incurable
Ah le cruel désordre auquel tu me soumets
Mon corps me fuit honteux et se veut intouchable
Pour des grains trop collants d'un natal vent de sable

Il s'avère qu'il y a plus de mots que de mets
Dans le tas sous lequel bringuebale ma table
À vous rien qu'à vous race épuisée des gourmets
J'offre mon gîte et laisse ouverts mes guillemets

X

J'ai battu la campagne
À l'horizon passaient des nefs

Que pourrais-je t'offrir hors ce pan de mon pagne
Des parties mal jouées ont englouti mes fiefs
Depuis lors tout au long de la Sègre en Cerdagne
Je ne fais que bâtir des châteaux en Espagne

Ma barque à sec réduit son rêve à quelques biefs
Femme messie sans qui mon royaume est un bagne
Toi qui survins comme une ondée sur mes reliefs
Sans t'enquérir de mes abus de mes griefs

XI

Un long silence hésite
Là où s'épuise un flamenco

L'esprit flâne et le corps à cogiter l'invite
Qui ne peut plus longtemps maquiller son fiasco
Ci-devant alcazars vidés de votre élite
J'ai à défaut d'un droit un devoir de visite

L'oasis s'ensable et j'ahane au sirocco
Qu'attise derechef maint cagot parasite
Et ma voix de héraut interdite à l'écho
N'a que moi à sauver d'un létal quiproquo

XII

Et la plume transhume
La page en mal de mise à jour

Et tu sais qu'à tes us j'ai plié ma coutume
À l'heure où Gibraltar se dresse à contre-jour
Par les voies endeuillées d'absence et de bitume
Je te respire et souffle au feu qui me consume

J'y vais la cendre au cœur moi qui sais que l'amour
N'est jamais aussi fort que quand il est posthume
Déguisé en manant courant de cour en cour
Aux portails refermés je mendie ton retour

XIII

Je lève un vers et cède
À l'improbable enivrement

Ce que m'offre un chagrin la joie m'en dépossède
C'est l'acompte à verser sur l'émoi d'un moment
Nuit au lourd manteau pris aux rets de la pinède
Je glanerai demain tes lambeaux d'ambre tiède

Crète au poitrail chenu voici l'accoutrement
Qui te fait alezan en route pour Tolède
Florinda[6] m'y attend au bord de son tourment
J'aime et je sais que par amour tout amour ment

6. Florinda, fille du comte Julien, dont aurait abusé Rodrigue. Pour venger l'honneur de sa fille, le comte, alors dynaste de Ceuta, aurait aidé les Arabes à envahir l'Espagne. L'endroit où le viol est supposé avoir eu lieu est connu à Tolède sous le nom de *El Baño de la Cava* (de l'arabe qahba : prostituée).

XIV

Ces airs que l'on connote
Parfois à des chevaux balzans

Belle enfant de Julien depuis que je complote
Je conserve en brouillon un *Chant des partisans*
Plus que jamais à court d'emphase et de litote
Les mots secouent le joug du pouvoir uniglotte

Ah que fuse à nouveau un galop d'alezans
Au lieu-dit *El Baño de la Cava* cahote
Un fleuve inconsolé du viol de tes seize ans
Tolède avait un roi aux instincts paysans

XV

Lassée la fioriture
Repense à maint euphorisant

Même en haillons mon port point ne sent la roture
Je suis le plus mariable et le moins épousant
Au bas de tes versets en ces temps de rupture
J'apposerais Amiel paraphe et signature

Debout maure andalou secoue marbre et gisant
Ta cavalcade emplit toute l'Estrémadure
Et ton fantôme échappe à tout exorcisant
Ah quel gâchis que cet amour hispanisant

XVI

Le col inatteignable
Le tout premier de tes degrés

Et de sourdre impatient le silence palpable
De la trace des pas dissoute sur le grès
Et de tant d'affluents que l'amnésie ensable
Il me reste en souffrance un désir périssable

Le poète s'accuse et se met aux arrêts
J'eus sortant de Grenade un soupir[7] plus coupable
Ici nul ne réchappe aux remords aux regrets
D'avoir vu s'évanouir l'Utopie de si près

---

7. Boabdil, dernier roi de Grenade, aurait, après avoir quitté la ville qu'il venait de livrer aux Rois catholiques, regardé une dernière fois son palais de l'Alhambra, en poussant ce que l'on a appelé depuis *le Soupir du Maure.*

XVII

Ce mal que tu avives
À la perte d'un paradis

L'impatience hennit et risque les avives
Ronger ses mors au seuil de ce salon jadis
Festif et désormais orphelin de convives
Mais où sont les chagrins aux vertus unitives

Toi qui sus préserver en des jours refroidis
Le souffle ardent du feu volé et des eaux vives
Pour moins qu'une poignée de faux maravédis
Combien de siècles d'or à des gueux tu vendis

XVIII

Passé je t'éparpille
Aux quatre coins de l'avenir

L'Almoravide Yussuf lui a ravi Séville
Le roi Alphonse avait déjà sans coup férir
Volé Tolède et puis Zaida[8] la belle-fille
Restait *Rumaykiya* aux senteurs de myrtille

Quand du sud nostalgique anordit le zéphyr
Quand la voix de Paco Ibanez le titille
El rey Almutamid voit ses vers refleurir
Aux liquides frissons de son Guadalquivir[9]

---

8. La princesse Zaida, bru du roi Mu'tamid (voir note suivante). Son mari, gouverneur de Cordoue, ayant été mis à mort par les Almoravides, elle se réfugia à Tolède, chez Alphonse VI qui en fit sa concubine.

9. Al-Mu'tamid ibn 'Abbâd (1040-1095), célèbre roi-poète de Séville. Sous la menace d'Alphonse VI, qui vient de lui enlever Tolède, il fait appel au roi almoravide Yussuf ibn Tachfîn, qui repousse l'ennemi, mais dépose son protégé et l'exile à Aghmat, au sud marocain, où il finit ses jours, tendrement consolé par sa non moins célèbre reine I'timâd. Leur rencontre au bord du Guadalquivir est dans toutes les mémoires. Ce jour-là, se promenant avec son vizir et poète Ibn 'Ammâr de Silves, l'eau frissonnante sous la brise fait dire au prince :
Le vent tisse en ces eaux une cotte de maille
Son compagnon devait relever le défi de compléter l'image par un vers du même mètre et de la même rime. Comme il tardait à donner la réplique, fuse la voix d'une femme :
Quelle armure une fois gelée pour la bataille

C'était une simple lavandière. Admiratif, le roi ne tarde pas à en faire son épouse. Il laisse un recueil de touchantes élégies sur les vicissitudes de la vie.
La strophe évoque les chanteurs espagnols Paco Ibanez, qui chante *El rey Almutamid* (paroles de Fanny Rubio) ainsi que Carlos Cano, auteur d'une chanson inspirée de la poésie même du prince arabe, *El rey Al Mutamid le dice adios a Sevilla.*

TROUBADOURIE

Dig volh aver de Sarrasi
Puissé-je posséder le langage des Sarrasins
E fes e lei de crestie
En même temps que la foi chrétienne, la loi du Christ
E subtileza de paga.
Et l'ingéniosité des païens.

Le troubadour Peire Cardenal (1180-1278)

I

Tirer sa révérence
Comme on tire ses conclusions

Je viens vider le cœur gorgé de rancœur rance
Et qui reproche au corps ses neuves effusions
L'aède au souffle court halète sa carence
Dans la prompte fureur d'une acide fragrance

Têtue la vanité rêve encor d'invasions
Que l'ost se tienne loin de mes chemins d'errance
Pour un amour menti mille et une évasions
Ont troqué mes visées contre un flot de visions

II

Équivoque inférence
Mon doute y puise un rituel

De château en château le cœur en déshérence
Ne craint plus le carquois d'un archer virtuel
Mais la dame affligée d'une feinte oubliance
Ne veut plus m'alléger d'un serment d'allégeance

Je dus de loin aimer à l'instar de *Rudel*[10]
Je ne veux en blâmer qu'une ingrate constance
Au temps d'*Azalaïs*[11] un baiser solennel
Pouvait coûter jusqu'à cent lais et un rondel

---

10. Jaufré Rudel, troubadour du XIIe siècle, est l'auteur de la chanson *Amor de lonh* (amour de loin) dédiée à la princesse de Tripoli.

11. Azalaïs, femme de Barral des Baux, fut au XIIe siècle une grande protectrice des troubadours.

III

Ce que j'ai à mévendre
Est à soustraire au gabelou

Citoyen de l'ailleurs j'ai ma *Carte de Tendre*[12]
Le cœur battant a son parcours son épreuve où
C'est au vainqueur qu'échoit la faveur de se rendre
L'amour est un credo et un cours à apprendre

J'ai appris aux débats du salon andalou
Où trônait *Wallâda*[13] qui savait les cœurs fendre
Il y régnait ce clair navigant dans le flou
Qui vit frémir plus d'une Elsa et plus d'un Fou

---

12. *La Carte de* (ou *du*) *Tendre*, est celle d'un pays ou d'un royaume imaginé et appelé Tendre par Madeleine de Scudéry (XVIIe s.) Les différentes étapes de la passion amoureuse y sont tracées sous forme de villages et de sentiers à parcourir.

13. Wallâda Bint al-Mustakfî (m. 1083), une princesse andalouse qui tenait le plus célèbre des salons littéraires de Cordoue.

IV

Le rimeur plus ne hersche
Au tréfonds qu'il creusait gaiement

Lampégie[14] le vois-tu au bout de sa recherche
Ce prince pris dans un accès de bégaiement
Aucun verbe n'arrive à lui tendre la perche
Jusqu'au ramier qui sur ton épaule se perche

Je suis bien à Llivia sous un ciel inclément
Des hauteurs de Grimaud jusqu'au pic de la Perche
J'ai bien cru déchiffrer un verbal testament
N'y a-t-il que du vent dans ce long feulement

14. Lampégie (ou Lampegia), fille du duc Eudes d'Aquitaine. Elle a épousé le général berbère Manusa, gouverneur de la Septimanie avec siège à Llivia. Elle a partagé son tragique destin.

V

Quand au fond de soi-même
L'on se comporte en pérégrin

Bienvenue à toi qui surviens dans mon poème
Tes pleurs ont de mes vers façonné leur écrin.
Ô princesse apeurée quand frémit ton diadème
Pour les ors et diamants dont midi te sursème

À bout de diversions j'adhère à ton chagrin
La bouche en feu fait vœu de bien rester abstème
Et l'esprit insurgé contre sa loi d'airain
Lévite vers ce dont il était riverain

VI

De ton propre esclavage
Quel mot te servait de rivoir

À court de faux semblants interdit de rivage
L'adieu ment sous les traits d'un serein au revoir
Pour un flacon de pleurs recueillis sur le Tage
Mais où sont les *Cordoue* qu'on avait en partage[15]

Je suis porteur de leur aval leur à-valoir
Ils ont vu s'ajouter au déni maint outrage
Ce lieu qui sait et qui prétend ne rien savoir
A vu bien des pur-sang passer à l'abreuvoir

15. Allusion à l'influence littéraire, philosophique et scientifique exercée sur l'Europe médiévale par l'Espagne musulmane, elle-même héritière de la culture de la Bagdad abbasside.

VII

Gaïa pourquoi la grève
Est-elle hostile à mes micas

Accordons-nous le temps d'un soupir d'une trêve
D'un intermède au son de cent harmonicas
Je veux juste mêler une longue une brève
Aux divines clameurs du pays de *Lodève*[16]

À l'âge effervescent j'ai plaidé bien des cas
Rameurs allant à la dérive à la *dérêve*
Indiens de tout pays et rescapés Incas
Et j'en suis débouté avec perte et fracas

16. Sous-préfecture de l'Hérault, Lodève organise « Les Voix de la Méditerranée », un festival poétique désormais célèbre. Elle fait partie de la Septimanie prise par les Arabes, en 719.

VIII

Un lit de phare en phare
Me rêve en nef au foc défait

Troubadourie tel est le nom dont je te pare
Pour mieux t'appartenir je suis presque *parfait*
N'y vois aucun orgueil j'avance et je m'égare
Dans tes raisons du cœur et ta passion *cathare*

J'entends bien ce chagrin sarrasin stupéfait
De garder son haleine en perdant sa fanfare
Son chuchotis conjure un présent imparfait
Et réclame une part de ton dit de ton fait

IX

Ô mémoire en broussaille
Tailleur ne suis ni bûcheron

Le souvenir avive une frigide entaille
Et le chantre enhardi se refait fanfaron
Une pincée de terre aurait comblé ma faille
Voici la *Fosse-au-Roi* à *Moussais-la-Bataille*[17]

Il n'est pire avanie pour un fier escadron
Que de broncher sur un agrégat de piétaille
Des genets des arzels zains à fleur d'éperon
Que reste-t-il hormis ce brave percheron

17. C'est à Moussais-la-Bataille qu'avait eu lieu la fameuse Bataille de Poitiers. La Fosse-au-Roi, lieu où aurait été tué et enseveli le général Abd al-Rahman al-Ghâfiqî, chef de l'expédition arabe.

X

Je meurs d'un lent breuvage
Issu de mon propre athanor

Avec un brin de dune et un pan de mirage
Je prends soin de ne point déparer le décor
Pour réclamer son dû l'ultime *Abencerage*[18]
Se fit occidental en forçant le grimage

Mais comment repérer un évasif trésor
Dans l'abri dont un roi de Majorque au passage
Avait confié la garde à une *Chèvre d'or*[19]
Le dring de son grelot survit au son du cor

---

18. Ibn al-Sarrâj, rescapé du massacre qu'auraient subi à l'Alhambra, au XVe siècle, les dignitaires de sa tribu. Chateaubriand évoque ce drame dans sa nouvelle *les Aventures du dernier Abencerage.*

19. Légende provençale se rapportant à un trésor que le roi sarrasin de Majorque, avant sa retraite, aurait caché dans une grotte, quelque part dans les Alpes maritimes et que Paul Arène situe (cf. *La chèvre d'or*, C. Marpon et E. Flammarion, Paris, 1889) à Puget-Maure. La garde du trésor aurait été confiée à une chèvre au poil doré et qui mènerait à sa perte l'aventurier qui se hasarderait à la suivre jusqu'à la cache.

XI

Jadis sous le Portique
J'eusse été fou rasséréné

Poète inactuel j'ai le vers atavique
Je reconnais mon ordre et l'ère où je suis né
J'ai aimé j'ai servi j'ai souffert à l'antique
À qui d'autre accorder l'asile poétique

Je ne sais d'où me vient cet appel suranné
De quel vertige est-il quelque peu nostalgique
De *Cordes* la *Montagne*[20] ou le fort du *Freinet*[21]
La distance est mobile et l'instant refréné

---

20. Montagne près de Fontvieille, au sommet de laquelle les Sarrasins chassés de la ville d'Arles se seraient réfugiés. Cordes se référant à Cordoue.

21. Fort taillé dans la pierre, au-dessus de la Garde Freinet, par la communauté sarrasine qui occupa le Fraxinet de 885 à 972.

XII

Au moulin à palabre
Le Verbe aussi est patoisé

Leur nom bat comme fer sous le marteau d'un fabre
Il adhère au *Massif*[22] qu'ils ont apprivoisé
Et revoilà leur ombre animée qui se cabre
Aux *Jardins* que recrée la fée Nicole Fabre[23]

De la plaine loquace au plateau pavoisé
Contre un vers l'amnésie se cogne et se délabre
Dans ce reg intérieur que de fois reboisé
De zajals à la bouche au parfum framboisé

---

22. Le bien nommé Massif des Maures.

23. Nicole Fabre est l'auteur d'un remarquable roman historique, *les Jardins du Fraxinet*, Editions Albin Michel, Paris, 1998.

XIII

Au temps de la gabelle
Plus belle était l'Île-en-Forêt

Au *qâ'id*[24] entamant sa tournée rituelle
La Porte sarrasine offrait tel un coffret
Sa médina grisée par quelque ritournelle
Et le musc serpentant de ruelle en ruelle

Secrète n'eût été l'alambic indiscret
C'était *Rahmatu-llah*[25] alias Ramatuelle
Un fluide y déjouait l'emprise du concret
On y parlait noblesse oblige avec apprêt

---

24. Des chefs sarrasins ayant gouverné le Fraxinet, l'histoire n'a retenu que le nom du *qâ'id* (commandant) Nasr Ibn Ahmed.

25. *Rahmatu-llah* (Bienfait d'Allah) est, selon l'onomastique la plus sérieuse, l'origine du nom de Ramatuelle (Ramatuella, au Moyen-Âge).

XIV

Quand ton ris versatile
Usurpait mon acquiescement

Il flotte sur *Gignac* une paix volatile
Pas une alarme à mon passage aucun braiment
L'âne *Martin*[26] a-t-il cessé d'être vigile
Ou est-ce l'écurie cessant de m'être hostile

Peu me chaut de savoir le pourquoi le comment
Mais à *Gignac* je vis à ma tension labile
Une beauté au teint de pêche et de froment
Tout son être avouait un lointain croisement

---

26. Selon la légende, au VIIIe siècle, un âne surnommé Martin se mit à braire, un soir, à l'approche d'assaillants sarrasins. Les Gignacois, ainsi alertés, se réveillèrent à temps et surent repousser l'ennemi.

XV

Fouaillant la misaine
Le vent expire à Gibraltar

Un jour à *Forcalquier* près de *Bonne Fontaine*[27]
J'ai cru voir *Alaëte* elle a cru voir *Omar*
Il lui avait promis Poitiers et l'Aquitaine
Bien avant qu'Aliénor[28] n'y fondât son domaine

Je l'eusse entretenue d'aléas de hasard
J'avais la gêne altière elle en resta hautaine
L'amour inabouti est plus qu'un avatar
Il succombe au trop plein et renaît du trop tard

---

27. Vers l'an 1020, selon un conte provençal, un chef sarrasin, l'émir Omar Ben Mansour, s'était épris de la belle Alaëte, fille du gentilhomme Marc-Antoine Nicolaï, dès qu'il l'avait rencontrée sur les marches de la *Fontaine de Bédourin*, connue aujourd'hui sous le nom banal de *Bonne Fontaine*. Bien qu'inabouti, cet amour eut pour heureuse conséquence de faire bénéficier la ville de Forcalquier d'une totale immunité. Elle ne fut plus jamais attaquée par les Sarrasins.

28. Aliénor d'Aquitaine (1122-1204), petite-fille de Guillaume IX, premier troubadour connu.

XVI

Amour péninsulaire
De qui le contre admet le pour

Ta suzeraine ayant décliné son douaire
Pour avoir abjuré ta foi de troubadour
Cette liasse de vers dont je suis le notaire
Ne vaut guère un luisant la nuit sans luminaire

J'ai flairé l'existence ici ou à l'entour
D'un casuiste salon veillant sur l'inventaire
Il siégerait l'été venu en cour d'amour
J'y plaiderais le cas d'un non-dit en retour

XVII

La durée ronge et grève
Feuillu mon arbre est marcescent

Oui mais pour l'heure ami quartier libre à *Lodève*
J'ai l'émoi oriental et mon vers s'en ressent
Je songe à la jouvence à l'afflux de la sève
Le poète y reçoit son baptême à l'eau d'Eve

De mon Levant se lève un vent évanescent
C'est là que tout commence et que rien ne s'achève
Sur le voilier d'un rêve aussi vieux que récent
J'apporte à la grand-messe une bouffée d'encens

XVIII

De fable en parabole
Mentent le pire et le meilleur

La nuit pays peuplé de peupliers un saule
De mon âge s'égare et fait cadeau d'un pleur
À tout passant prêt à lui offrir son épaule
Je suis l'agriculteur qui console et qui chaule

De mon Généralife un *zajal* monte en fleur
Pour tous les Maures morts en fécondant la Gaule
Clio Muse violée par le premier hâbleur
J'engage à ton service un carrousel ambleur

LA MUSE APAISÉE

J'ai longtemps parcouru des horizons sans nombre,
Avec, pour seul butin, un retour sans encombre.

Imru'u l-Qays, célèbre poète arabe antéislamique
(520-565)

I

L'été s'en va cigale
Ton chant n'amuse aucun lichen

Âme dilapidée à mainte martingale
J'ai fait pour toi le tour de l'ancestral éden
As-tu de quoi payer le froid et la fringale
Je me sens vaciller d'une absence vagale

Je veux juste monter au *Pic de Mulhacén*[29]
Même si mes refrains ont mal à l'astragale
Mourir en y semant un tout dernier pollen
Et je sais que monter c'est finir à l'aven

---

29. Pic de la Sierra Nevada. Il tire son nom de celui de Mulây al-Hasan ou, pour les Castillans, Muley Hacén (m. 1485), avant dernier roi de Grenade. Cette cime abriterait sa sépulture.

II

Moi la muse ibérique
J'ai mal à mes bardes métis

Je suis le féminin pluriel de ton cantique
De la Cava jusqu'à Isabel de Solis[30]
Je compatis à ton plain-chant à ta musique
Ton Levant ton Ponant ta douleur erratique

Et tout en toi respire un bleu de myosotis
Par piété par pitié pour ce couple amnésique
À qui tu dois le jour si fécond de jadis
Reprends ton sceau consul ta toge et ton lapis

30. Noble castillane et dernière chrétienne à avoir épousé un émir arabe, en Espagne musulmane.

Table des matières

Ouvrages déjà parus dans la collection :

- *Ravines enfiévrées.*
José Toribio
- *Appelons la Marie. Rencontre avec Marie Le Franc*
Jean-Louis Coatrieux
- *Voyage de l'Ombre à la Lumière*
Pierre Jacquemin
- *Narghillé, Jazz et autres millefeuilles*
Didier Paquette
- *Rythmique incandescente*
Jean-Robert Léonidas
- *Paroles d'une île vagabonde*
Dominique Deblaine
- *Une maison à l'ouest d'à peu près tout*
Sébastien Kérel
- *Transhumances*
Louis-Philippe Dalembert
- *Keremma*
François Lunel
- *Chants de l'heur et d'ailleurs*
François-Pierre Nizery
- *Éloge de la contemplation*
Lyonel Trouillot
- *Rue du théâtre français*
Sara Vidal
- *Comme partout ta réverbération*
Alain Sancerni

LA COLLECTION LITTÉRAIRE ARPENTS

Collection dirigée par François-Pierre Nizery

Arpents, ce n'est pas simplement une « collection » de livres, c'est une livrée collective (le collectif est l'une des marques des éditions *Riveneuve*) qui prolonge l'esprit de la revue *Riveneuve Continents* en réunissant quelques arpenteurs de ces lieux mystérieux que sont les rêves et leurs contraires, les dessous du monde palpable qui déchire et enivre, tout ce qui nourrit l'esprit poétique.

Chaque auteur publié dans cette collection a sa façon à lui de nourrir cet esprit. La poésie des mots ne connaît pas les frontières du style. Elle peut se réfugier dans les vers et les rimes, quitter les rimes et aborder les rives inconnues des morceaux de paroles qui se croisent et s'entrechoquent sans se soucier du rythme et du sens, explorer la prose romanesque, celle des récits ou même des essais.

Arpents, c'est un espace littéraire où se déroule le fil invisible qui relie des écrivains de tous horizons, cheminant sur leur route, cultivant leurs arpents de terre d'insolence, prenant par la main leurs lecteurs et les invitant à y planter leurs propres radicelles.

Achevé d'imprimer en octobre 2013
par la Sté ACORT Europe
www.cogetefi.com

Dépôt légal à parution

Imprimé en France